JN411956

새로 태어나기

詩 集

새로 태어나기

신선이

이음과펼침

작가의 말

식당에서 분주하게 일합니다.
손님이 머문 자리를 정리하고
뜨거운 그릇을 나르며
일하는 매 순간
자신을 돌아보는 법을
배우고 있습니다.

이 글들은 반복되는 일상과
즐거운 노동의 자리에서
길어 올린 생각들을
담고 있습니다.

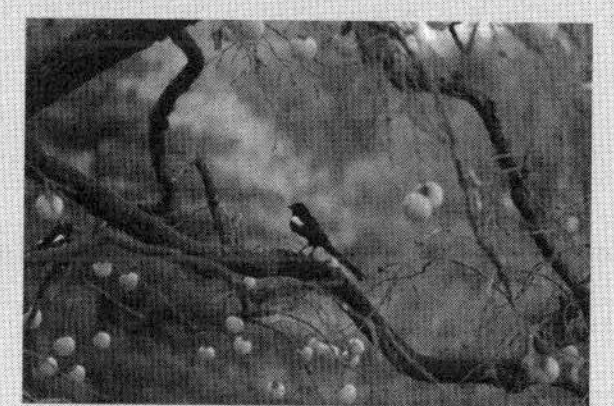

목차

작가의 말 4

거울 속 12
내 마음 13
내 안의 나 14
참아온 감정 15
어두운 골목 16
불빛 비추기 17
그림자 같은 생각들 18
자존심 19
생각과 행동 사이 20
생각 21
습관의 무서움 22

끝없는 후회 23
외면 24
나의 표정 25
무너지는 나 26
남긴 상처 27
꽃 피우는 마음 28
받아들인다는 것 29
상처가 치유되는 시간 30
자라는 마음 31
이해하는 노력 32
내면의 문 33
가장 깊은 자리 34
진실해 지는 것 35
용서 36
시관찰(視觀察) 37
나를 발견한다 38
그대로의 나 39
도착한 곳 40
내 생각이 나의 삶 41
창문 42
일기장 43

뿌리 깊은 나무 44
가족은 같은 사람 45
나와 너 사이 46
거울 47
나는 누구인가? 48
도망 49
갈등 50
오해 51
기억 52
균열 53
아우성 54
왜 나에게 55
쓰레기 56
기대 57
거리두기 58
개의치 않기 59
화심(花心) 60
공동체 61
배려의 힘 62
사람을 대하는 기술 63
왜 그랬을까? 64

내편 65
받아들이는 준비 66
다시 믿어주는 법 67
떠나보내기 68
제자리 69
사랑하는가 70
먼 길 71
비교 72
색안경을 벗으며 73
미움 74
적당한 거리 75
뒷모습 76
빈 손 77
들리는 것 78
품격 79
매듭 80
새로 태어나기 81
덕분입니다 82
세우는 법 83
신뢰 84
나의 이름 85

여유 86
화해 87
다시 시작 88
마음 89
위로하는 일 90
환한 미소 91
땀방울 92
씨앗 93
사소한 것 94
평온 95
피어나는 희망 96
느린 변화 97
태도 98
미로 99
몸부림 100
물 한 잔 101
조각 102
두려움 103
성장 104
나를 사랑한다 105
진짜 용기 106

습관 107
밤새 안녕 108
모든 인연 109
길 110
천천히 111
젊은 날 112
심장 113
차곡차곡 114
독백 115
자애심 116
미래 117
이유 118
매일매일 119
나이듦에 대하여 120
마음 설거지 121
오후 세 시 122
채우기 123
걸음걸이 124
지휘자 125
햇살 126
응원 127

거울 속

계절이 수없이 바뀌는 동안
나는 늘 바깥의 꽃만 세고

정작 내 안에서 피고 지는 꽃은
이름조차 불러주지 못했는데

우연히 마주친 거울 속
낯설고도 익숙한 눈동자

먼 길을 돌아와
문을 두드리는 인기척

오래된 안부 전하며
나와 다시 만난다

내 마음

남의 뜰에 핀 장미는
예민하게 알아채면서

내 뜰에 심어진 나무가
무슨 잎을 틔우는지도 모르고 살았다

등잔 밑이 어둡다 했던가
주인이라는 핑계로
가장 소홀했던 마음의 방

이제야 빗장을 열고
묵은 먼지 속 빛나는 것을 닦는다
내 안에 모르는 보석이 살고 있었다

내 안의 나

흙탕물이 일면
바닥이 보이지 않는다

가라앉을 때까지
고요히 기다려주는 일

소란한 세상의 소음을 끄고
침묵의 의자에 깊숙이 앉으면

비로소 수면 위로 떠오르는
달 하나

그제야 보인다
흔들리지만 부서지지 않는 내가

참아온 감정

입술을 깨물며 삼켰던 말들이
가슴속에 딱딱한 화석이 되었다

참는 것이 미덕이라 믿으며
스스로 흐르는 물길을 막았더니

마음은 고인 물처럼 썩어가고 있었다
이제는 둑을 터주어야겠다

소리 내어 울고
소리 내어 웃으며

그것이 내가 나에게 베푸는
가장 투명한 자유다

어두운 골목

햇볕 드는 양지만 찾아다니느라
내 마음 북쪽,
그늘진 골목을 외면했다

이름조차 알 수 없는
축축한 이끼와
서늘한 바람이 사는 곳

두려움이라 이름 붙이고 피했으나
자세히 들여다보니
그곳엔 떨고 있는 아이가 있었다

어둠을 몰아내는 대신
가만히 곁에 앉아 온기를 나눈다
그늘 또한 품어야 할 숨결이기에

불빛 비추기

어둠은 빛을 이길 수 없다 했던가
방을 바꾸는 건
가구를 옮기는 게 아니라

작은 촛불 하나를 켜는 일이다
부정이라는 긴 밤을 지나
긍정이라는 새벽을 연다

시선을 조금만 틀어도
벽은 문이 되고
절벽은 창문이 된다

내 안의 스위치를 켜는 순간
세상은 다시 태어난다

그림자 같은 생각들

걱정의 먹구름 몰려올 때
우산 없이 비 오면 맞고
바람 불면 흔들리는 거다

나쁜 생각들은
머물러 사는 주인이 아니라
스쳐 지나가는 나그네다

그저 강물 흐르듯
뒷짐 지고 바라본다
아무 흔적 없이 흘러가도록

자존심

고개 숙이면 지는 줄 알았다
먼저 미안하다고 말하면
내가 깎여 나가는 줄 알았다

목에 잔뜩 힘을 주고
앙상한 가시를 세우던 날들

이제 와 보니 그건
나를 지키는 갑옷이 아니라
나를 찌르는 가시였다

진짜 자존심은
부드럽게 휘어질 줄 아는 여유였다

생각과 행동 사이

머릿속으로는 기와집을 짓는데
손으로는 모래성도 못 쌓는다

생각은 천 리를 가는데
발걸음은 문지방도 못 넘고

그 아득한 거리가
괴롭히는 불면의 밤이 되었다

생각과 행동의 틈이 벌어질수록
불안은 그 사이로 들어온다

줄여야 산다
생각한 즉시 발을 떼어야 산다

생각

나쁜 생각은 불청객 같아서
문전박대하면 창문을 깨고 들어온다

쫓아내려 애쓰는 대신
좋은 생각을 옆자리에 앉힌다

감사했던 기억
따뜻했던 말 한마디를
친구처럼 불러와 대접한다

좋은 이야기로 방안이 시끄러우면
나쁜 생각은
슬그머니 짐을 싸서 나간다

습관의 무서움

안 그래야지 다짐해 놓고
어느새 똑같이 화를 내고 있다

비탈길에 세워둔 수레처럼
나쁜 버릇은 저절로 굴러간다

생각보다 몸이 먼저 반응하는
이 지독한 관성

멈추려면 세워야 하는데
나는 또 어제의 나로 굴러떨어진다

끝없는 후회

깨진 접시를 부여잡고 운다고
접시가 붙지는 않는다
손만 베일뿐이다

그때 그러지 말걸 하는 말은
이미 부도난 수표와 같다

진짜 후회는
깨진 조각을 깨끗이 쓸어 담고
새 접시를 꺼내는 일

같은 자리에서 넘어지지 않으려
신발 끈을 고쳐 매는 것
어제에게 할 수 있는 유일한 사과

외면

남들에게 들킬까 봐
꼭꼭 숨겨둔 나의 못난 점

찌질함 겁쟁이 게으름
마주하기 싫어 눈을 감았다

하지만 그것은 흉터가 아니라
수리하라는 신호였다

외면하지 않고 바라볼 때
비로소 고칠 수 있는 기회가 생긴다

나의 표정

거울 앞에 서서
행복하다 말해보지만
미간에는 깊은 주름이 져 있다

입은 거짓말을 해도
표정은 거짓말을 못 한다

내 얼굴은 내가 살아온 이력서
불안이 다녀간 자리엔 그늘이
화가 머문 자리엔 경직이

이제는 거울을 보며 묻는다
지금 짓는 그 표정이
정말 네 마음이냐고

무너지는 나

누군가의 한마디에
와르르 무너지는 날이 있다

내가 약해서가 아니라
내가 나를 믿지 못해서였다

무너짐도 결국 나의 선택
다시 일어서는 것도 나의 선택

오늘은 주저앉는 대신
일어나는 쪽을 택하기로 한다

남긴 상처

세상이 나를 찌른 줄 알았는데
그 칼자루를 쥐고 있는 건 나였다

남들의 무심한 말보다
내 안의 자책이 더 날카로웠다

스스로 뱉은 독한 말들이
가장 깊은 흉터를 남겼다

이제 그만 칼을 놓는다
나를 찌르는 일을 멈춘다

꽃 피우는 마음

돌밭이라고 투덜대지 마라
그 돌 틈에서도
민들레는 기어이 노란 꽃을 피운다

누군가 던진 말에 베인 상처를
좋은 거름으로 삼는다

아픔을 파헤치느라
그 아픔 딛고 피어날
꽃망울만 바라보기로 했다

상처는 흙이다
그 위에서 다시 꽃이 피어난다

받아들인다는 것

포기하는 것이 아니다
체념하고 주저앉는 것도 아니다

내리치는 비를 멈추게 할 수는 없어도
기꺼이 젖을 용기를 내는 것이다

진흙탕에 빠진 발을 탓하지 않고
연꽃이 필 수 있음을 믿는 것이다

부정(否定)의 반대말이 아니라
긍정(肯定)의 시작이다

상처가 치유되는 시간

곪은 상처는
터뜨려야 낫는다
반창고로 덮어두면 썩는다

내 못난 질투와
뭘 모르는 미련
햇볕 아래 말린다

그래 그때 좀 작았구나
인정하는 순간
딱지를 떨치고 새살이 돋는다

나를 똑바로 보는 눈빛이
가장 좋은 연고였다

자라는 마음

햇볕만 내리쬐면
땅은 사막이 된다

나무가 굵어지기 위해선
비바람 치는 날도
어두운 밤도 필요했다

내 인생의 그늘진 시간들이
나를 시들게 한 것이 아니라
뿌리를 깊게 만들었음을

그늘이 있어야
쉴 수 있는 여유도 생기는 법이다

이해하는 노력

남이 쓴 글씨는
돋보기를 쓰고서라도 읽으려 했으면서
내 마음은 난해하다고 덮어버렸다

이해받지 못해 서러운 건
남 때문이 아니라
내가 나를 외면했기 때문이다

천천히 묻는다
너는 무엇을 좋아하니
너는 무엇이 그리 슬프니

내면의 문

굳게 닫힌 방문 앞에 서서
조심스럽게 손을 올린다

똑똑 똑똑
거기 누구 없나요

아무 대답 없는 침묵 너머
오래 기다려온 내가 있다

바쁘다는 핑계로
먹고사는 일로 가둬두었던

내 안의 어린아이에게
이제야 문을 두드린다

가장 깊은 자리

양파 껍질을 까듯
겉치레를 하나씩 벗겨낸다

착한 딸이라는 껍질
성실한 직원이라는 껍질
헌신적인 엄마라는 껍질

눈물 콧물 쏟으며 다 벗겨내니
그제야 드러나는 하얀 속살

초라해 보여도
가장 깊은 자리에 숨어있던
날 것 그대로의 나다

진실해 지는 것

거창한 깨달음이 아니다
과거를 후회하지 않고
미래를 불안해하지 않는 것

내 손에 닿는 차가움을 느끼고
씹는 밥알의 단맛을 느끼는 것

오직 지금 이 순간에만 머무르는 것
내 삶을 가장 진실하게 만든다

용서

완벽하지 않아도 괜찮아
실수해도 괜찮아

남들에게는 잘도 해주던 그 위로를
나에게는 인색하게 굴었다

채찍질 대신
따뜻한 차 한 잔을 건넨다

그동안 애썼다
버티느라 고생했다

시관찰(視觀察)

눈으로 겉모습을 보고
마음으로 자세히 살피고
지혜로 깊이 통찰한다

나는 어떤 표정을 짓고 있는가
내 마음은 어디로 흐르는가
내 행동의 뿌리는 무엇인가

나를 보고 관찰하고 살피는 일이
곧 세상을 이해하는 첫걸음이다

나를 발견한다

화장은 지우고
가식은 벗어두고
거울 앞에 선다

주름진 눈가와
거칠어진 손마디

숨기고 싶었던 세월의 흔적이
이제는 훈장처럼 보인다

더 이상 남에게 보이기 위함보다
있는 그대로의 나로
숨 쉬는 순간이 가장 향기롭다

그대로의 나

나는 왜 소나무가 아닐까
들풀이 나무를 부러워하면 불행해진다

남의 키와 나의 키를 대보지 마라
남의 속도와 나의 속도를 견주지 마라

나는 나의 모양대로
너는 너의 모양대로

비교라는 안경을 벗어던지니
비로소 내가 보인다

도착한 곳

좋은 엄마가 되려 했고
살뜰한 아내가 되려 했고
싹싹한 직원이 되려 애썼다

남들의 칭찬을 나침반 삼아
먼 길을 돌고 돌아왔는데

신발을 벗고 들어선 곳은
화려한 궁전이 아니라
오래전 떠난 나의 작은 방

먼지 쌓인 내 이름을 털어내며
비로소 안도한다

세상 모든 여행의 끝은
나에게로 돌아오는 길이었다

내 생각이 나의 삶

지금 내가 하고 있는 생각이
내일의 내 모습이다

우울을 생각하면 우울한 일이 생기고
감사를 생각하면 감사할 일이 생긴다

내 머릿속은 삶의 조종실
키를 쥐고 있는 건
신이 아니라 바로 나다

오늘의 핸들을
행복 쪽으로 힘껏 돌린다

창문

세상이 뿌옇게 보인다고 탓했다
미세먼지 때문이라고
날씨 탓이라고 투덜거렸다

걸레를 들어 창문을 닦으니
세상은 저토록 눈부시게 푸르다

흐린 건 세상이 아니라
마음의 창문이었다

안경을 닦듯 마음을 닦는다
이제야 비로소 봄이 보인다

일기장

책상 서랍 깊은 곳
옛 일기장을 펼친다

죽을 만큼 힘들었다고 적혀 있는데
지금 보니 기억조차 나지 않는 일들

그때는 태산 같았던 걱정도
지나고 보니 작은 돌멩이였다

나는 그 모든 시간을 건너왔다
그러니 내일의 걱정도
아무것도 아니다

뿌리 깊은 나무

바람이 불면 흔들릴 수 있다
가지가 꺾일 수도 있다

하지만 두려워하지 않는 건
보이지 않는 땅속 깊이
단단한 뿌리를 내렸기 때문이다

오십 년의 세월이 나를 지탱한다
흔들리되 뽑히지 않는
오늘도 더 깊어지는 뿌리

가족은 같은 사람

지지고 볶고 싸워도
돌아서면 밥은 먹었냐고 묻는다

서로 다른 척하지만
화내는 표정도
웃는 눈매도 붕어빵이다

같은 습관과 같은 마음이
한 지붕 아래 모여 사는 사람들

미워도 내 거울이고
싫어도 또다른 나다
결국 우리는 서로를 베고 자는 숲이다

나와 너 사이

너와 나 사이에 벽이 있다고 믿었다
그래서 밀어내고 선을 그었다

하지만 땅을 파보니 알겠다
보이지 않는 흙 속에서
우리의 뿌리는 엉켜 있었다는 걸

너를 아프게 하는 일이
결국 나를 시들게 하는 일이었다
우리는 원래 하나의 나무였다

거울

네가 유독 미워 보일 때가 있다
이기적이고 욕심 많은 모습에
화가 치밀어 오를 때

가만히 거울을 닦아본다
거울 속에 비친 건 네가 아니라
내가 애써 감추려 했던 나의 민낯

네 단점이 그토록 눈에 밟힌 건
내 안에도 똑같은 것이 살고 있기 때문이다
너는 나를 비추는 가장 선명한 거울이다

나는 누구인가?

세상이 삐딱하게 보인다면
건물이 기울어진 게 아니라
고개를 기울이고 있기 때문

저 사람이 나쁘게만 보인다면
저 사람의 잘못이 아니라
마음에 때가 낀 탓이다

풍경을 탓하기 전에
창문을 닦아야 한다
그렇게 보고 있는 건
결국 나의 시선이다

도망

아무리 포장지로 꽁꽁 싸매도
미워하는 마음은 냄새가 난다

괜찮은 척 웃어보지만
내뱉는 숨소리에

그릇을 놓는 손끝에
가시가 돋아 있다

마음은 도망가지 못한다
결국 다 들킨다

행동이라는 그림자가 되어
졸졸 따라다닌다

갈등

너 때문이라고 소리쳤다
네가 변하면 해결될 거라 믿었다

하지만 싸움의 불씨는
네가 지핀 게 아니라
내 생각이 일으킨 마찰열이었다

내 뜻대로 움직여주길 바라는 마음
그 고집이 만든 화재였다
불을 꺼야 할 곳은
상대가 아니라 내 머릿속이다

오해

나는 너를 네모라 부르고
너는 나를 세모라 부른다

각자의 틀을 가지고 와서
서로를 억지로 끼워 맞추려 한다

들어가지 않는다고
왜 모양이 다르냐고 화를 낸다

있는 그대로를 보지 않고
보고 싶은 대로 보는 것
우리 오해의 시작이다

기억

분명 같은 비를 맞았는데
나는 폭풍우였다고 하고
너는 소나기였다고 한다

기억은
사실을 기록하는 게 아니라
감정을 기록하는 것

서로의 왜곡된 렌즈로 찍은 사진을 들고
내 것이 맞다고 우기는 밤
우리는 서로 다른 과거를 살고 있다

균열

화가 머리끝까지 차오를 때
입을 닫는다
침묵은 비겁함이 아니라 보호막

내뱉은 말은 주워 담을 수 없다
상대의 가슴에 박히고
결국 내 발등으로 떨어진다

말하지 않음으로써
지켜지는 것들이 있다
때로는 침묵이 가장 큰 웅변이 된다

아우성

왜 연락이 없냐고 따지는 건
화가 나서가 아니라
기다렸다는 뜻이다

섭섭하다는 말의 뒷면에는
사랑해달라는 아이가 울고

미움처럼 보이는 그 뾰족한 마음은
사실 나를 좀 봐달라는
간절한 아우성이다

왜 나에게

왜 하필 나에게 이런 일이 생겼을까
재수가 없다고 하늘을 원망했다

하지만 곰곰이 생각해 본다
그 길로 들어선 건 나였고
그 말을 뱉은 건 나였다

우연처럼 떨어진 날벼락이 아니라
내가 쌓아 올린 필연의 탑이었다
모든 원인은 나에게서 출발했다

쓰레기

지나가는 사람이 던진 쓰레기를
굳이 주워서 주머니에 넣을 필요는 없다

남이 뱉은 무례한 말은
그의 입에서 나온 그의 것

그걸 받아들고
왜 냄새가 나느냐며 울지 마라

그냥 바닥에 툭 떨어지게 두어라
나는 내 길을 가면 그만이다

기대

무언가를 바라고 건넨 친절은
친절이 아니라 거래다

돌아오지 않는 보답을 기다리며
우리는 스스로 상처를 예약한다

기대는
실망을 미리 준비하는 일

바라는 마음 없이 줄 때
비로소 마음은 자유로워진다

거리두기

모든 사람과 잘 지낼 수는 없다
억지로 웃으며 비위를 맞추는 건
배려가 아니라 불안이다

불편한 신발을 신고
억지로 걷지 마라
발만 부르틀 뿐이다

잠시 떨어져 걷는 것
그것이 서로를 미워하지 않고
지킬 수 있는 유일한 방법이기도 하다

개의치 않기

소낙비가 내린다고
바위가 아파하던가

상대의 감정은 그의 날씨
그의 태풍에 나까지 젖을 필요는 없다

그는 화를 내게 두어라
나는 내 자리를 지키는
단단한 회색 돌이 되겠다

화심(花心)

꽃처럼 고운 마음도
울타리가 없으면 짓밟힌다

무조건 퍼주는 것이 사랑은 아니다
거절할 줄 아는 용기
지켜야 할 선을 긋는 단호함

그것이 있어야
내 꽃밭을 지킬 수 있다
경계가 없는 친절은 독이 된다

공동체

혼자 가면 빨리 갈 수 있다
하지만 멀리 가려면 함께 가야 한다

신발 끈이 풀리면 기다려주고
짐이 무거우면 나눠 드는 것

조금 늦더라도
발맞추어 걷는 그 걸음들이 모여
길을 만들고 역사를 만든다
우리는 서로의 도우미다

배려의 힘

상대를 편안하게 해주는 일은
결국 나를 위한 일이었다

손님에게 건넨 따뜻한 물 한 잔이
고마움의 눈빛으로 돌아와
피로를 씻어주듯이

배려는 부메랑처럼 돌아온다
뿌린 씨앗이
뜰에서 열매 맺는 이치다

사람을 대하는 기술

그릇을 놓는 손길 하나에
말을 건네는 어투 하나에
품격이 담긴다

상대를 귀하게 대하면
나 또한 귀한 사람이 되고

하대하면
바닥으로 내려간다

사람을 대하는 기술은
나를 대하는 기술이다

왜 그랬을까?

너를 위해 희생했다고 믿었다
최선이었다고 자부했다

세월이 흘러 껍질을 까보니
그 안에 웅크리고 있는 건
나의 이기심이었다

내 마음 편하자고
좋은 사람 소리 듣고 싶어서
너를 위한다는 핑계를 댔었다
미안하다, 그건 사랑이 아니었다

내편

내 말에 맞장구쳐 주지 않았다고
마음의 문을 쾅 닫아버렸다

무조건 내 편이 되어달라는 건
어리광이다

기대가 무너진 자리에
벽을 세우지 마라

그 벽 안에 갇히는 건
결국 나 자신이다

받아들이는 준비

저 사람은 까다로울 거야
저 사람은 차가울 거야
색안경이 상대를 그렇게 만든다

오늘 만나는 사람은
오늘 처음 핀 꽃처럼 대하자

웃으며 다가가면
그도 꽃이 되어 향기를 낸다
사람은 내가 보는 대로 피어난다

다시 믿어주는 법

믿음은 저절로 생기는 것이 아니라
내가 짓는 농사다

한번 흉작이었다고
밭을 묵혀둘 수는 없다

속는 셈 치고 다시 물을 준다
믿어주는 마음이 햇볕이 되어

말라가던 관계를 되살려낼지도
믿음은 결국 믿는 대로 된다

떠나보내기

미움은 날숨으로 내보내고
이해는 들숨으로 받아들인다

마음의 창문을 활짝 열고
환기를 시킨다

묵은 감정의 먼지는 털어내고
그 자리에

오늘의 햇살을 들인다
마음도 매일 청소가 필요하다

제자리

서운함도 분노도
영원히 머무는 주인은 아니다
계절처럼 왔다가 가는 바람이다

내가 문을 걸어 잠그고
못 가게 붙잡고 있었을 뿐

손을 펴면
바람은 손가락 사이로 빠져나간다
흘러가게 두면 제자리로 돌아간다

사랑하는가

남을 사랑하는 것이
진짜 헌신일까
외로움을 달래려는 몸짓

나를 돌보지 않고 퍼주는 사랑은
밑 빠진 독에 물 붓기다

나를 먼저 귀하게 여길 때
남을 향한 마음도
비로소 건강한 사랑이 된다

먼 길

남을 바꾸려 무던히도 애썼다
잔소리도 해보고 화도 내보았다
하지만 변하는 건 없었다

먼 길을 돌고 돌아 깨닫는다
세상을 바꾸는 유일한 열쇠는
내가 변하는 것뿐임을

내가 미소 지으니
세상이 비로소
나를 향해 웃어주었다

비교

남의 떡이 더 커 보인다고
내 밥그릇을 밀어놓고 기웃거렸다

저 사람은 저리 잘사는데
나는 왜 이 모양인가
스스로 만든 감옥에 갇혀 한숨만

하지만 자세히 보니
그 집 떡에도 딱딱한 껍질은 있었다

남과 나를 저울질하는 동안
내 떡은 식어가고 있었다
비교를 멈추니
비로소 내 밥상의 온기가 느껴진다

색안경을 벗으며

저 사람은 깐깐해
저 사람은 거칠어
내가 씌운 색안경으로 세상을 보았다

노란 안경을 쓰면 세상이 노랗고
검은 안경을 쓰면 세상이 어둡다

그가 나에게 까칠했던 건
내가 먼저 찌푸린 눈으로 보았기 때문 아닐까

안경을 벗고
있는 그대로의 눈을 맞춘다
그제야 사람 냄새가 난다

미움

미운 사람을 가슴에 품고 사는 건
날카로운 돌멩이를 삼키는 것

그는 아무렇지 않게 자는데
나만 속이 쓰려 잠 못 든다

소화되지 않는 그 돌덩이를
이제 그만 뱉어낸다

용서는 그를 위해서가 아니라
내 속이 편하려고 하는 일이다

적당한 거리

나무들도 너무 붙어 있으면
서로의 가지를 찌르고 햇볕을 가린다

사람 사이도 그렇다
가까우면 귀찮고 멀면 춥다

서로의 뿌리는 다치지 않게
가지가 뻗어나갈 공간은 내어주며

바람이 통하는 적당한 거리
우리는 더 건강하게 자란다

뒷모습

앞모습은 꾸밀 수 있어도
뒷모습은 거짓말을 못 한다

식당을 나서는 손님의 축 처진 어깨
돌아서는 친구의 쓸쓸한 등

화려한 웃음 뒤에 감춰진
고단한 무게를 읽어낼 때

비난 대신 연민으로
뒷모습을 가만히 눈으로 쓰다듬는다

빈 손

기대 없이 주라지만
주고 나면 손을 쳐다보게 된다
돌려받을 게 없나 하고

하지만 계산기가 들어간 관계는
장사일 뿐 사랑이 아니다

장사꾼으로 살 것인가
농부로 살 것인가

모든 걸 잘 키운 흙처럼
그냥 주어라
비워야 채워지는 것이 이치다

들리는 것

내가 할 말만 생각하느라
네 말이 끝나기만을 기다렸다

입은 열려 있는데 귀는 닫혀 있어서
우리는 마주 보고도 딴소리를 했다

잠시 입을 다물고
고개를 끄덕인다

옳고 그름을 따지는 게 아닌
너를 존중하는 마음으로

품격

무례한 사람에게
화를 내면 나도 같은 사람이 된다

진흙탕에 돌을 던지면
내 옷에도 흙탕물이

그의 분노는 그의 것
나의 평온은 나의 것

허허 웃으며 넘기는 여유가
우아한 복수이자 품격

매듭

꼬인 줄을 억지로 당기면
매듭은 더 단단해지고

관계가 엉켰을 때는
힘을 빼고 들여다봐야 한다

어디가 잘못인지 살피고
부드럽게 어루만져야 풀린다

가위로 싹둑 잘라내기엔
우리가 함께한 시간이 너무 귀하다

새로 태어나기

어제를 후회하느라
오늘을 다 쓴 날이 있다

오지 않은 내일을 걱정하느라
내 앞에 놓인 온기를
느끼지 못한 날이 있었다

다시 태어난다는 건
과거를 지우는 것이 아니라
오늘이라는 시간에
온전히 집중하는 것

덕분입니다

내 힘으로 산 줄 알았다
내가 잘나서 버틴 줄 알았다

밥상을 차리다 깨닫는다
이 쌀 한 톨에도

바람과 햇살과
농부의 땀이 스며있음을

알고 보니 나는
수많은 사람의 수고로 빚어진 존재

오늘도 나는
모두의 덕분으로 숨을 쉽니다

세우는 법

무너지는 건 한순간이지만
쌓아 올리는 건 지루한 반복이다

그 지루함을 견디는 것이
나를 다시 세우는 유일한 기술이다

특별한 기적이 아니라
매일 식당 문을 열고

행주를 빨고 그릇을 닦는
그 성실한 땀방울들이

비바람에도 흔들리지 않는
나의 기둥이 된다

신뢰

의심이라는 못을 빼낸다
할 수 있을까 흔들리는 마음을
단단히 다져 넣는다

오늘 나에게 건넨
믿음 한 조각이
내일의 나를 지탱하는 기둥이 된다

남들이 뭐라 하든
내가 나를 믿어주는 일
세상에서 가장 튼튼한 보험

나의 이름

누군가의 엄마로 몇 년
누군가의 아내로 몇 년
식당 이모로 또 몇 년

불리는 이름대로 살다
내 이름 석 자가 흐릿

신선이
이제야 소리 내어 불러본다

세상을 밝히는 해와 달처럼
인생의 불을 밝히러 가는 사람
그게 바로 나였다

여유

젊은 날엔 몰랐다
빨리 달리는 것만이 능사인 줄 알았다

오십 번의 계절을 보내고 나서야
비로소 알게 되었다

천천히 걸어야 보이는 꽃이 있고
멈춰 서야 들리는 바람이 있다고

나를 아는 길은
속도에 있지 않고 여유에 있었다

화해

기억 저편 골방에
무릎 꿇고 벌 서는 아이가 있다

실수했다고
완벽하지 못했다고
스스로 가두어 둔 어린 아이

이제 그 방문을 열고 들어간다
일어나 괜찮아
너는 그때 최선을 다했어

내민 손을 잡고서야
아이는 비로소 울음을 그친다

다시 시작

폭풍이 지나간 자리는
폐허가 아니라 공터다

무너졌다는 것은
다시 지을 기회가 생겼다는 뜻

남이 지어준 집이 아니라
내가 원하는 모양대로
벽돌을 쌓는다

시작도 끝도
결국 내 손끝에서 이루어진다

마음

누눅해진 이불을 널듯
축축하게 젖은 마음을 꺼낸다

햇볕 좋은 양지에 널어두면
고약한 곰팡이는 사라지고
보송보송한 향기만 남는다

어둡고 차가운 마음일수록
자꾸만 빛으로 가져가야 한다
그래야 덮을 수 있는 따뜻함이 된다

위로하는 일

괜찮다 말만 해주는 건
진짜 위로가 아니다

넘어진 아이에게 필요한 건
사탕 한 알이 아니라
스스로 일어나는 법을 배우는 것

어제보다 한 뼘 더 자라난 나를 볼 때
비로소 마음은 편안해진다

성장이 멈추지 않는 한
나의 위로도 멈추지 않는다

환한 미소

우울해서 찡그리는 게 아니라
찡그리고 있어서 우울한 것이다

어깨를 펴고
입꼬리를 억지로라도 올려본다

몸이 펴지면 마음도 펴지고
얼굴이 밝아지면 생각도 밝아진다

안아주는 쉬운 기술은
환한 미소를 선물하는 것이다

땀방울

요행을 바라지 않는다
남의 탓을 하지 않는다

내가 흘린 땀만큼만 거두고
내가 노력한 만큼만 기대한다

실력을 갖춘 최선
정직한 땀방울

나에게 진실해지는
가장 당당한 태도다

씨앗

아무 꽃이나 피지 않는다
심은 대로 핀다

불안을 심으면 두려움이 자라고
감사를 심으면 기쁨이 열린다

내 머릿속 텃밭에
오늘은 어떤 씨앗을 뿌릴까

생각은 행동의 씨앗이고
행동은 곧 나의 운명이 된다

사소한 것

로또 같은 행운을 기다리느라
일상의 감사를 모르고
지나쳐 다녔다

따뜻한 믹스커피 한 잔
손님이 건넨 박카스 한 병
돌아오는 길의 저녁노을

이 작고 사소한 것들이 모여
무채색인 내 삶을
총천연색으로 물들인다

평온

특별한 사건이 없다고
지루해하지 마라

아무 일도 일어나지 않은 오늘은
신이 주신 가장 평화로운 여백이다

그 고요한 빈칸을
걱정으로 낙서하지 말고

새로운 희망을 그려서
이어지는 평온을 만들자

피어나는 희망

희망은 요란하게 오지 않는다
아침 햇살처럼
소리 없이 스며든다

오늘 아침 눈을 뜨고
숨을 쉬고
걸을 수 있음에 감사하는 것

그 지극히 평범한 감사 속에
내일의 희망이 숨어 있다

느린 변화

봄이 오면 꽃이 피고
가을이 오면 잎이 진다

서두른다고
봄이 일찍 안 온듯

내 인생의 변화도
때가 되면 자연스레 찾아온다

조급함을 내려놓고
세월의 흐름에 몸을 맡기다

느리지만 분명하게
나는 나아가고 있다

태도

지나간 버스는 잡을 수 없고
떠난 사람의 마음은 돌릴 수 없다

그건 내 영역이 아니지만
다음 버스를 기다리는 태도

남은 내 마음을 추스르는 일은
오직 나에게 달려 있다

바꿀 수 없는 것에 매달리지 않고
바꿀 수 있는 나에게 집중한다

미로

나는 누구일까
어디로 가야 할까

답답한 미로 속에 갇혀
출구를 찾아 헤맸다

하지만 미로는 하늘로 날아올라
탈출하는 것이 아니다

벽을 짚고 묵묵히
걸어서 통과해야 한다

헤매는 그 모든 걸음이
결국 나를 찾아가는 길이었다

몸부림

젊은 날엔
너무 커서 안 보였고
너무 가까워서 몰랐다

멀리 떨어져서
돋보기를 쓰고 자세히 들여다보니
이제야 보인다

내 삶의 모든 순간이
사랑받고 싶었던
나의 몸부림이었음을

물 한 잔

파랑새를 찾아
먼 산을 헤매고 다녔다

내 발밑에 핀 민들레는 보지 못하고
오지 않을 무지개만 좇았다

행복은 내일 올 손님이 아니라
지금 내 식탁에 앉아 있는 가족이다

웃으며 마시는 물 한 잔
행복은 바로 여기, 이 순간에 산다

조각

실패한 사업도
아픈 이별도
고된 노동도

쓸모없어 버려진 조각인 줄 알았는데
맞추고 보니 내 인생이라는 큰 그림의
꼭 필요한 퍼즐이었다

세상에 무의미한 것은 없다
모든 것이
나를 만들기 위한 재료였다

두려움

안개가 자욱한 새벽길처럼
앞이 보이지 않아 막막할 때가 있다

그 정체 모를 두려움은
게으름이 만들어낸 허상일 뿐

신발 끈을 조여 매고
오늘 해야 할 일을 하나씩 적어본다

준비하고 움직이는 순간
안개는 걷히고 길은 다시 열린다

성장

옆집 대나무가 쑥쑥 자란다고
내 집 소나무가 더딘 것을 탓하지 마라

빨리 자라는 것은 빨리 꺾이고
천천히 자라는 것은 단단해진다

나는 나의 계절을 살고
나의 속도로 나이테를 그린다

남들과 비교하며 숨 찰 이유가 없다
어제보다 깊어졌으면 성장

나를 사랑한다

못생긴 구석이 보여도
실수투성이 과거가 떠올라도
고개를 돌리지 않겠다

부족하면 부족한 대로
깨졌으면 깨진 대로
그게 나인 것을 어쩌랴

그 못난 모습까지
품어 안을 때
성장은 비로소 시작된다

나는 나를 사랑한다
이 세상에
하나뿐인 나를

진짜 용기

다리가 후들거리고
심장이
쿵쾅거려도 괜찮다

두렵지 않은 것이 용기가 아니라
한 발 더 내디디는 것이
진짜 용기다

바람에 흔들리는 꽃을 보라
기어이 꽃망울을 터뜨린다
나도 그렇게 흔들리며 간다

습관

거창한 결심이 삶을 바꾸지 않는다
새벽에 마시는 물 한 잔
거울 보며 미소 한 번

사소한 습관들이 쌓여
하루가 바뀌고
운명이 바뀐다

오늘 내가 무심코 한 작은 행동이
내일의 나를 만드는
가장 큰 재료다

밤새 안녕

당연한 것은 하나도 없었다
밤새 안녕이라는 말이
얼마나 기적 같은 인사인지

감겨있던 눈이 떠지고
막혀있던 숨이
터지는 새 아침

오늘도 내 심장이 뛴다는
사실 하나만으로도
충분히 감사하다

모든 인연

나를 힘들게 한 사람은 인내를 가르쳤고
나를 도운 사람은 나눔을 가르쳤다

식당 문을 열고 들어오는 모든 사람이
나에게는 스승이시다

잘난 사람에게서도
못난 사람에게서도 배운다

내 앞의 모든 인연은
나를 가르치러 온 귀한 스승이다

길

남들이 다져놓은
아스팔트 길은 편하지만
내 발자국이 남지 않는다

풀이 무성한 숲길
돌이 많은 험한 길이라도
내가 걸으면 길이 된다

두렵지만 설레는 마음으로
첫 발을 떼어본다

내 이름 석 자가 이정표가 되는
세상에 하나뿐인 길을 낸다

천천히

토끼를 따라가려다
다리가 찢어진 거북이가 되지 않겠다

세상이 아무리 빠르다고 재촉해도
나는 뒷짐 지고 풍경을 보며 걷겠다

숨이 턱 끝까지 차오르는 질주 대신
들꽃 향기 맡으며 걷는 산책으로

천천히 가도
도착할 곳에는 반드시 도착한다

젊은 날

언젠가 하겠다는 말은
하지 않겠다는 말과 같다

사랑한다고 말할 기회
미안하다고 안아줄 기회
꿈을 위해 도전할 기회

내일 지구가 멸망하더라도
오늘 한 그루의 사과나무를 심겠다
바로 지금이 가장 젊은 날이기에

심장

다 타버린 재인 줄 알았는데
불어보니 빨간 불씨가

먹고사는 일에 치여
잊고 살았던 꿈들이
가슴 밑바닥에서 꿈틀거린다

아직 살아있구나
아직도 뜨겁구나

다시 타오를 준비를 마친 장작처럼
내 심장이 붉게 뛴다

차곡차곡

거대한 댐을 무너뜨리는 건
작은 개미구멍이고
바위에 구멍을 내는 건
한 방울의 물이다

오늘 내가 쓴 시 한 줄이
오늘 내가 건넨 친절 한 번이
나비효과처럼 번져나간다

미약한 시작을 부끄러워 마라
차곡차곡 삶을 만들자

독백

이제는 누구의 엄마도
누구의 아내도 아닌
오롯이 나로 설 것이다

남의 시선에 맞춰 춤추던
꼭두각시 줄을 끊고
나의 리듬 맞춰 춤을 출 것이다

나를 주인으로 섬길 때
세상도 귀하게 대접할 것이다
독백으로 선언해본다

자애심

나를 사랑하는 건
가만히 앉아서
쓰다듬는 게 아니다

어제보다 조금 더 넓은 눈으로
어제보다 조금 더 깊은 마음으로
세상을 바라보려 애쓰는 것

끊임없이 나를 성장시켜
더 높은 곳의 풍경을 선물하는 일
그것이 나를 향한 최고의 사랑이다

미래

요란한 팡파르가 없어도
화려한 조명이 없어도

새벽녘 창문을 여는 것처럼
조용하고 담담하게
미래의 문을 연다

신선한 바람이 불어오고
새로운 햇살이 들이친다

어서 와
기다리고 있었어
문 너머의 미래가 손짓한다

이유

나는 왜 사는가
수없이 묻고 또 물었다

거창한 사명은 없어도 좋다
나를 살게 하는 햇살에
나를 웃게 하는 바람에
고맙다고 말하기 위해 나는 산다

모든 것에 감사할 줄 아는 마음
그것이 내가 이 땅에 존재하는
가장 크고 아름다운 이유다

매일매일

어제까지의 나는
오늘 아침에 다시 태어났다

매일 아침 세수를 하며
묵은 후회와 걱정을 씻어내고
새하얀 도화지 같은 하루를 받는다

무엇이든 그릴 수 있고
무엇이든 될 수 있는
기적 같은 오늘

나는 매일매일
새로 태어나는 연습 중이다

나이듦에 대하여

늙어가는 것이 아니라
익어가는 것이라 했다

풋내 나던 청춘을 지나
비로소 제맛을 내는 묵은지처럼

내 주름은 낡음의 표시가 아니라
깊음의 증명이다

이제야 인생의 간을 맞추는
성숙함으로 걸어 들어간다

마음 설거지

수북이 쌓인 그릇을 닦으며
마음의 찌꺼기도 함께 닦는다

미움이라는 기름때는 뜨거운 물로 녹이고
후회라는 얼룩은 행주로 훔쳐낸다

뽀득뽀득 소리가 날 때까지
오늘치 걱정을 헹궈내면

반짝이는 빈 그릇처럼
다시 담을 수 있는 새것이 된다

오후 세 시

오십이면 해가 지는 줄 알았다
다 끝난 줄 알았다

아직 해는 중천에 떠 있고
그림자는 길게 누워 쉴 곳을 만든다

꽃이 지면 열매가 맺히듯
젊음이 간 자리에 지혜가 온다

지금 시작해도 늦지 않다
내 인생의 시계는 이제 겨우 오후 세 시다

채우기

가득 채워야 부자인 줄 알았다
욕심으로 꾹꾹 눌러 담았다

하지만 넘치면 흐르고
무거우면 깨지는 법

이제는 조금 비워두기로 한다
빈 공간이 있어야 바람도 드나들고

비움은 상실이 아니라
더 좋은 것을 채우기 위한 준비다

걸음걸이

닳아빠진 뒤축을 보며
지난날의 걸음걸이를 반성한다

어디로 그리 급하게 가려 했는지
무엇을 좇아 그리 비틀거렸는지

이제는 구두 끈을 단단히 묶고
바르게 걷는 법을 배운다

속도보다는 방향을 보고
나만의 길을 뚜벅뚜벅 걸어간다

지휘자

남이 연주하는 대로 춤추지 않겠다
세상이 시끄럽게 떠들어도
내 안의 리듬을 잃지 않겠다

슬픈 날엔 단조로
기쁜 날엔 장조로

내 감정의 지휘봉은 내가 쥔다
오늘 하루라는 교향곡을 완성하는 건
관객이 아니라 무대 위 주인공인 나

햇살

내일 비가 올까 걱정하느라
오늘 핀 꽃을 보지 못했다

오지 않은 미래를 당겨와서
미리 아파하지 않기로 한다

비가 오면 우산을 쓰면 되고
바람이 불면 옷깃을 여미면 된다

오늘 내리쬐는 햇살만 생각한다
그것이 나를 사랑하는 연습이다

응원

누가 알아주지 않아도 괜찮다
박수 소리가 없어도 괜찮다

새벽에 일어나 하루를 여는 나에게
가장 먼저 말을 건넨다

편안하게 잘 잤니
오늘도 좋은 하루를 축하해

내가 나에게 보내는 다정한 응원이
나를 힘차게 일으켜 세운다

새로 태어나기

초판 1쇄 발행 2026년 3월 5일

지은이 신선이
펴낸이 권지현
펴낸곳 이음과펼침
책임편집 이음과펼침 편집부

출판등록 2025년 7월 21일 제2025-000129호
주소 서울시 서초구 양재동 392-3, 202B
이메일 connectnbloom@gmail.com
원고투고 connectnbloom@gmail.com
홈페이지 www.connectnbloom.com

ISBN 979-11-24329-18-4(03810)